# COUR DES PAIRS.

## Séance du samedi 14 avril 1821,

### Présidée par M. le Chancelier.

A deux heures la Cour se réunit, en vertu d'une convocation faite par ordre de M. le Président.

Il est procédé à l'appel nominal dans la forme accoutumée.

Cet appel constate la présence des 116 Pairs ci-après nommés, savoir :

MM.

Le duc d'Uzès.
Le duc de Gramont.
Le duc de Mortemart.
Le duc de Duras.
Le duc de La Vauguyon.
Le duc de Clermont-Ton-
nerre.

MM.

Le duc de Choiseul,
Le prince duc de Talley-
rand.
Le duc de Broglie.
Le prince duc de Chalais.
Le comte Abrial.
Le Marquis de Marbois.

MM.

Le marquis de Chasseloup-Laubat.
Le comte de Cornet.
Le comte Dembarrère.
Le comte De Croix.
Le marquis de Garnier.
Le comte Herwin de Nevèle.
Le comte Klein.
Le marquis de Laplace.
Le comte Lebrun de Rochemont.
Le comte Lemercier.
Le comte Lenoir-Laroche.
Le comte de Monbadon.
Le marquis de Pastoret.
Le comte Peré.
Le comte de Sainte-Suzanne.
Le comte de Saint-Vallier.
Le marquis de Semonville.
Le comte de Tascher.
Le comte de Villemanzy.
Le marquis Maison.
Le comte Curial.
Le marquis de Clermont-Gallerande.
Le comte de Damas.
Le duc de La Rochefoucauld.
Le duc de Castries.
Le duc de Doudeauville.
Le duc de La Trémoille.
Le duc de Luxembourg.
Le duc de Brissac.

MM.

Le marquis d'Aligre.
Le duc d'Aumont.
Le duc d'Avaray.
Le marquis de Boissy du Coudray.
Le baron Boissel de Monville.
Le marquis de Brézé.
Le comte du Cayla.
Le comte de Contades.
Le vicomte Dambray.
Le duc de Damas-Crux.
Le baron d'Andigné.
Le comte d'Escars.
Le comte Ferrand.
Le marquis de Biron.
Le marquis de La Guiche.
Le comte d'Haussonville.
Le marquis de Mortemart.
Le comte Molé.
Le marquis de Mathan.
Le vicomte de Montmorency.
Le marquis de Raigecourt.
Le baron de La Rochefoucauld.
Le marquis de Rougé.
Le comte Ricard.
Le comte de Saint-Roman.
Le comte De Sèze.
Le baron Séguier.
Le marquis de Talaru.
Le marquis de Vibraye.
Le marquis de Vérac.

MM.

Le marquis de Bonnay.
Le marquis d'Osmond.
Le comte de Noë.
Le duc de La Châtre.
Le comte de Polignac.
Le comte de La Roche-
    Aimon.
Le duc de Narbonne-Pelet.
Le duc de Massa.
Le comte Lecouteulx de
    Canteleu.
Le comte d'Argout.
Le baron de Barante.
Le comte Claparède.
Le comte Chaptal.
Le marquis de Catellan.
Le duc de Cadore.
Le comte Cornudet.
Le comte Daru.
Le comte Dejean.
Le comte Germain.
Le comte de Laforest.
Le comte de Lacépède.
Le comte Mollien.

MM.

Le comte de Pontécoulant.
Le duc de Plaisance.
Le comte Pelet de la Lozère.
Le comte Ruty.
Le comte Rampon.
Le maréchal duc de Trévise.
Le vice-amiral comte Tru-
    guet.
Le marquis d'Aramon.
Le vicomte Digeon.
Le comte de Germiny.
Le comte de Sussy.
Le comte de Montesquiou.
Le comte de La Villegontier.
Le baron de Montalembert.
Le comte de Bastard.
Le marquis de Pange.
Le comte Portalis.
Le comte de Ségur.
Le comte de Valence.
Le comte Fabre de l'Aude.
Le comte de Gassendi.
Le comte de Casabianca.
Le duc de Valmy.

L'appel nominal terminé, M. le Président expose les motifs de la convocation qu'avec l'agrément du Roi il a cru devoir ordonner.

Le tribunal de première instance du département de la Seine, par une ordonnance rendue en la chambre du conseil le 30 décembre dernier, avoit renvoyé devant la Cour des Pairs le

nommé Antoine-Simon Desjardins, inculpé,
(ce sont les termes de l'ordonnance) d'avoir,
de complicité avec Louvel, participé à l'assassinat de S. A. R. M. le duc de Berry. Le
motif sur lequel se fondoit le tribunal pour se
dessaisir de l'instruction suivie contre Desjardins, étoit qu'aux termes de l'article 33 de la
Charte, et de l'ordonnance du Roi du 14 février 1820, la Cour des Pairs se trouvoit saisie
de la poursuite des auteurs et complices du
crime commis par Louvel. Dans cet état, les
pièces du procès ayant été transmises au procureur-général établi près la Cour par l'ordonnance du 14 février 1820, ce magistrat pré-
senta le 24 février dernier, à M. le Président,
un réquisitoire tendant à l'audition de plusieurs
témoins, et à l'interrogatoire de Desjardins.
Les actes d'instruction requis ont été ordonnés
par M. le Président, les témoins ont été enten-
dus, Desjardins a été interrogé sur les propos
desquels résultoit contre lui l'inculpation de
complicité qui avoit donné lieu à son renvoi devant la Cour. L'instruction se trouvant ainsi
complète, il ne restoit plus qu'à en soumettre
les résultats à la Cour, afin qu'après avoir en-
tendu le procureur-général elle fût à même de

statuer. C'est dans cette vue qu'a eu lieu la convocation en vertu de laquelle elle est aujourd'hui réunie. M. le Président annonce que M. le comte de Bastard, l'un des deux Pairs par lui commis pour l'assister dans l'instruction, est prêt à faire son rapport à la Cour.

Un Pair, avant que la parole soit accordée au rapporteur, desire savoir si c'est en vertu de la délégation primitivement faite par M. le Chancelier au mois de février 1820, ou en vertu d'une délégation nouvelle, qu'ont procédé les deux Pairs dont M. le Chancelier annonce avoir été assisté dans l'instruction.

M. le Président déclare qu'encore bien que la délégation ancienne pût, à beaucoup d'égards, paroître suffisante, et que telle fut l'opinion manifestée par le procureur-général dans son réquisitoire, il a cru cependant et pour plus de régularité, devoir en donner une nouvelle, qui existe aux pièces sous la date du 8 mars.

Cette explication donnée, M. le Président accorde la parole à M. le comte de Bastard.

Le noble Pair fait à la Cour le rapport de l'instruction suivie contre Desjardins.

Le procureur-général est ensuite introduit, et obtient la parole pour présenter à la Cour son réquisitoire, qu'il termine par les conclusions suivantes :

*Conclusions du procureur-général.*

« Dans ces circonstances,

« Le conseiller-d'état procureur-général du Roi requiert qu'il plaise à la Cour,

« Attendu qu'il n'y a pas charges suffisantes du crime de complicité d'assassinat de feu S. A. R. M. le duc de Berry contre Antoine-Simon Desjardins, dire qu'il n'y a lieu à suivre contre lui devant la Cour ; mais attendu que ledit Antoine-Simon Desjardins est inculpé, dans l'instruction, de provocation dans des lieux ou réunions publics, à commettre l'assassinat des Princes de la famille royale, sans que ladite provocation ait été suivie d'effet, délit prévu par les articles 1 et 2 de la loi du 17 mai 1819 ; renvoyer ledit Desjardins, dans l'état où il est de mandat de dépôt, devant les juges qui en doivent connoître.

« Fait au parquet de la Cour des Pairs, le 30 mars 1821.

« Le conseiller-d'état, procureur-général,

« *Signé* BELLART. »

Le procureur-général se retire, après avoir déposé sur le bureau de la Cour le réquisitoire dont il vient de donner lecture.

M. le Président observe que les conclusions prises par le procureur-général contiennent deux parties distinctes : l'une tend à faire déclarer par la Cour qu'il n'y a lieu à suivre devant elle contre Desjardins, l'autre à le faire renvoyer comme prévenu d'un délit prévu par les articles 1 et 2 de la loi du 17 mai 1819, devant les juges qui en doivent connoître. La Cour jugera sans doute à propos de faire de ces deux chefs de conclusion la matière de deux délibérations séparées.

Un Pair croit devoir soumettre à la Cour une observation relative à la manière dont se trouvent libellées les réquisitions du procureur-général sur le second chef. Lors du procès dont cette affaire est la suite, une longue discussion a eu lieu dans le sein de l'assemblée sur les termes dans lesquels on renverroit à leurs juges naturels ceux des prévenus qui, par l'événement de l'instruction, se trouvoient inculpés de délits étrangers à la compétence de la Cour. Le résultat de cette discussion fut l'adoption d'une formule dont le principal avantage étoit de ne

rien préjuger ni sur la gravité des indices ni
sur la nature du délit ni sur la compétence du
tribunal qui devoit en connoître. Le noble Pair
regrette que le procureur-général ne se soit pas
conformé aux précédents établis par la Cour à
cette époque. Il demande que les conclusions
en ce point soient rectifiées par l'arrêt à inter-
venir.

Un autre Pair appuie l'observation qui vient
d'être faite. Le principe adopté par la Cour a été
qu'elle devoit se borner à statuer sur sa propre
compétence, et qu'elle n'avoit le droit ni de
qualifier un délit dont elle ne pouvoit connoître, ni d'en saisir une autre jurisdiction.
C'est dans ce sens qu'a été rédigée la formule
rappelée par le préopinant, et la Cour se fera
sans doute un devoir de la maintenir.

M. le Président observe qu'avant de s'occuper
de la forme dans laquelle sera prononcé le renvoi, il convient de savoir s'il y a lieu de l'ordonner. C'est sur cette question qu'il se propose
d'appeler la délibération de la Cour, après
qu'elle aura statué sur le premier chef des conclusions, celui qui tend à faire déclarer qu'il
n'y a lieu à suivre devant elle contre Desjardins.

Un Pair demande la permission d'exposer à la Cour un doute qui s'est élevé dans son esprit sur la régularité de la procédure actuelle. Jusqu'à présent, et dans toutes les affaires portées devant la Cour, un premier arrêt, rendu sur la plainte du procureur-général, avoit ordonné l'instruction. Cet usage étoit raisonnable puisqu'il avoit pour objet de constater si le fait sur lequel on proposoit d'instruire étoit de nature à motiver cette instruction, s'il entroit dans les attributions de la Cour. En effet, dans le cas où dès l'abord son incompétence eût été manifeste, dans le cas où ce fait n'eût provoqué l'application d'aucune loi pénale, à quoi bon se livrer à une instruction inutile, et quelle autre autorité que la Cour, a droit de juger si des termes mêmes de la plainte ne résulte pas ou son incompétence, ou l'inutilité des poursuites? Dans l'affaire aujourd'hui portée devant elle, cette délibération préalable n'a point eu lieu. Son omission pourroit avoir, en certains cas, le grave inconvénient d'amener des poursuites que la Cour désapprouveroit ensuite, et qu'elle n'auroit point autorisées si on l'eût consultée avant de les entreprendre. Dans tous les cas elle priveroit l'inculpé du bénéfice de l'article 128 du Code d'instruction criminelle, qui permet aux juges de lui épargner même l'inquiétude des premières poursuites. La Cour des Pairs, déja obligée par la nature des choses de confondre en elle tous les degrés dans lesquels se divise, pour l'intérêt du prévenu, la jurisdiction ordinaire, ne voudra pas se priver du moyen que lui offre l'article 128 pour rendre plus prompte la justice qu'elle doit à l'innocence. Par ces motifs, le noble Pair demande qu'au moins pour l'avenir, aucune instruction ne puisse avoir lieu que sur une délibération de la Cour.

Le rapporteur obtient la parole, et repousse l'application qu'on voudroit faire de l'art. 128 au cas dont la Cour est occupée, et les inductions au moyen desquelles on prétend établir la nécessité d'une délibération préalable pour autoriser l'instruction. Sans doute l'art. 128, à ne considérer que sa disposition particulière isolée de toutes celles qui la précédent et la suivent, paroît autoriser l'induction qu'on en a tirée, mais si l'on examine l'ensemble du chapitre dans lequel cet article est compris, on verra qu'il ne s'applique qu'aux procédures déja faites, et dont, aux termes de l'art. 127, le juge d'instruction doit faire rapport à la chambre du conseil. Il n'existe aucun texte de loi qui lui impose l'obligation de se faire autoriser par le tribunal pour commencer une instruction, et jamais, dans l'usage, une pareille autorisation n'a été demandée. Quant aux précédents tirés de la jurisprudence même de la Cour, le noble Pair observe que l'affaire actuellement soumise à sa délibération ne peut être assimilée à aucune de celles qui lui ont été antérieurement pré-sentées. Dans celles-ci, en effet, la compétence de la Cour des Pairs, existante d'une manière générale en vertu de la Charte, avoit besoin d'être mise en mouvement par l'ordonnance du Roi, et reconnue par une délibération de la Cour elle-même. Tels sont les principes qu'a solennellement consacrés l'arrêt du 21 février dernier. Mais ici toutes ces conditions étoient remplies, l'ordonnance du 14 février 1820, rendue dans les termes de la Charte, avoit saisi la Cour, et la Cour elle-même, par son arrêt du 15, avoit déclaré sa compétence et reconnu sa jurisdiction, tant à l'égard du prévenu renvoyé devant elle, que pour toutes les dépendances de l'affaire. C'est en vertu de cet arrêt que la Cour a statué, par celui du 23 mai suivant, sur dix-neuf individus inculpés dans l'instruction.

C'est encore en vertu du même arrêt qu'a été
suivie la procédure dont il vient d'être fait rapport; elle est donc régulière, et il ne reste plus
à la Cour qu'à statuer sur son résultat.

Un Pair appelle l'attention de l'assemblée sur
les dangereuses conséquences qui lui paroissent
résulter du système qu'on vient d'établir. A quels
inconvénients en effet ne s'expose-t-on pas en
admettant que la Cour une fois saisie d'une affaire devient nécessairement compétente pour
toutes les dépendances de cette affaire, à quelque époque et dans quelque lieu qu'elles se dé-
veloppent? La voilà donc établie tribunal permanent pour instruire, même à son insu, même
contre sa volonté, sur tous les faits que ses procureurs-généraux successifs ( et ils peuvent être
en grand nombre ) jugeront susceptibles de se
rattacher à la poursuite spéciale dont ils auront
été chargés. Le noble Pair ne pense pas que
telle puisse être l'opinion de la Cour sur sa compétence; il croit même apercevoir la preuve
d'une opinion contraire dans l'arrêt du 21 février dernier que le préopinant a invoqué à
l'appui de ses principes. Cet arrêt décide que la
Cour est seule juge de sa compétence, qu'elle
peut, suivant la nature et l'importance des faits,

ou se saisir de la poursuite, ou la délaisser à la jurisdiction ordinaire. Mais cette faculté qu'on reconnoît appartenir à la Cour, lui donne le droit non seulement d'apprécier les faits en eux-mêmes, mais de peser les circonstances dans lesquels ils se présentent, de sorte qu'elle devroit retenir en un temps la connoissance d'un crime dont le jugement à une autre époque seroit abandonné sans inconvénient à un tribunal moins élevé. Ainsi, et pour ne pas sortir de l'espèce, quoiqu'elle ait dû se déclarer compétente pour juger Louvel, il pourroit arriver qu'elle renvoyât aujourd'hui au juge ordinaire un complice obscur de ce monstre. Le noble Pair conclut de ces considérations que la seule marche régulière eût été de consulter la Cour avant toute poursuite nouvelle, et si l'on ne pense pas que l'omission de cette formalité doive annuler la procédure, il desire qu'au moins cette dérogation ne forme point un précédent dont on puisse se prévaloir à l'avenir, et jusqu'au moment où la question aura été décidée en thèse générale, et après l'examen approfondi que réclame son importance.

Un autre Pair se flatte au contraire d'établir la régularité de l'instruction soumise en ce moment à la Cour. Il ne s'arrêtera point à combattre l'objection tirée de l'article 128 du Code : elle a été suffisamment réfutée pour qu'il soit inutile d'y répondre de nouveau. L'argument puisé dans la jurisprudence de la Cour ne lui paroît pas avoir plus de force, et la différence que l'on a remarqué entre cette affaire et les précédentes, montre assez qu'elle doit être soumise à d'autres règles. Dans les précédentes affaires en effet, la question de compétence se présentoit entière, un arrêt de la Cour pouvoit seul la décider. Ici, au contraire, il n'y avoit plus de question, puisque l'arrêt du 15 février 1820 avoit établi d'une manière irrévocable la compétence de la Cour, non pas relativement à Louvel, mais relativement à la nature de son crime, et quels que fussent les individus qui pouvoient y avoir participé. En ce point la Cour avoit réparé le vice de l'ordonnance qui n'avoit renvoyé devant elle que le prévenu, lorsque c'étoit le crime dont il falloit lui déférer la connoissance. En vertu de cet arrêt dix-neuf individus se sont trouvés compris dans l'instruction primitive, sans qu'une nouvelle délibération eût été jugée nécessaire pour les poursuivre, et la Cour s'est reconnu le droit de statuer sur leur sort. C'est encore en vertu du même arrêt que les poursuites ont été dirigées contre Desjardins. Comment la Cour jugeroit-elle irrégulière à son égard une forme de procéder qui lui a paru régulière à l'égard des autres? Le noble Pair estime que la décision dans les deux cas doit être la même, et que l'arrêt originaire contenoit une autorisation suffisante pour instruire contre Desjardins, ainsi qu'on l'avoit fait contre les autres. Mais on objecte que la Cour, toujours juge de sa compétence, peut, à raison des circonstances, retenir dans un temps la connoissance d'un crime que dans d'autres temps elle se dispenseroit de juger. Le noble Pair convient qu'à l'égard de différents faits de la même nature qui lui seroient déférés, la Cour peut, suivant les circonstances, se saisir des uns et repousser les autres, mais il ne pense pas que sa puissance aille à cet égard jusqu'à scinder un même fait, en sorte qu'une partie de ceux qui y auroient coopéré soit soumise à sa jurisdiction, et une autre partie à une jurisdiction différente. Ce système est repoussé par le grand principe de l'indivisibilité des procédures criminelles, principe qui pour n'être écrit dans aucune loi positive, n'en est pas moins nécessaire à maintenir, parcequ'il se fonde sur la raison même. Dira-t-on que ce principe ne peut recevoir d'application lorsque les diverses parties de l'affaire se présentent à des époques différentes? Le noble Pair répondra que dans ce cas il doit toujours avoir l'effet d'attribuer à la jurisdiction qui a connu d'une partie la connoissance de l'autre, parceque la même affaire doit toujours être jugée d'après les mêmes principes et suivant les mêmes formes, ce qui peut ne pas se rencontrer toujours dans des jurisdictions différentes. Il sait que dans le cas où l'auteur d'un crime est livré à une jurisdiction spéciale, ses complices, découverts plus tard, n'y sont pas nécessairement renvoyés, et peuvent être jugés par les tribunaux ordinaires; mais cette régle ne s'applique qu'aux jurisdictions spéciales, et il faut bien ici fixer le sens précis de cette dénomination; il faut surtout se garder de l'appliquer à la Cour des Pairs. Cette haute jurisdiction, il est vrai, ne connoît que de certains crimes ou des crimes commis par certaines personnes; mais dans ces divers cas et pour les crimes ou les personnes qu'elle est appelée à juger, elle est véritablement la jurisdiction ordinaire et naturelle. On convient, que par l'arrêt du 21 février dernier elle s'est réservé le droit de restreindre l'exercice de la juridiction qui lui appartient aux cas qui rendroient son intervention nécessaire, mais une fois que la décision à cet égard est rendue, sa compétence ne peut plus recevoir aucune atteinte, et elle doit embrasser l'intégralité de l'affaire dont elle s'est saisie. On a élevé contre ce système une autre objection tirée du nombre des procureurs-généraux auxquels pourroit ainsi se trouver dévolu le droit de mettre la Cour en action et de provoquer des poursuites devant elle, mais cette objection tombera le jour où, comme on doit l'espérer, la Cour aura près d'elle un ministère public permanent. On a aussi témoigné la crainte de voir des instructions supplémentaires se succéder à de longs intervalles, et perpétuer ainsi, au grand détriment de la société, des affaires que pour son repos on doit desirer de voir terminer promptement. La loi elle-même a pris soin de nous rassurer contre cette crainte, en fixant un terme au-delà duquel toutes poursuites doivent cesser. On a dit enfin que dans ce système la Cour des Pairs deviendroit une juridiction permanente, et l'on a paru s'en effrayer. Le noble Pair est loin de craindre ce résultat, il le croit une conséquence nécessaire de l'institution de la Cour. Si elle n'étoit pas en effet une jurisdiction permanente, que seroit-elle donc, sinon un tribunal d'attribution sans autre compétence que celle qu'on jugeroit à propos de lui conférer? Telle n'est pas, telle ne peut être la position de la Cour des Pairs. Sa jurisdiction subsiste toujours quoiqu'elle ne soit pas toujours en action. Elle ne dérive point des ordonnances qui lui défèrent un crime, mais de la Charte qui lui en attribue la connoissance, et c'est pour cela qu'elle déclare elle-même sa compétence par un arrêt. Dans l'espéce, l'arrêt du 15 février a reconnu la compétence de la Cour non seulement à l'égard de Louvel, mais à l'égard de ses complices s'il en avoit. Cet arrêt a reçu son exécution régulière dans la procédure dont il vient d'être fait rapport. Le noble Pair demande que la Cour délibère sur les conclusions du procureur-général.

M. le Président expose que dans les circonstances où l'affaire s'est originairement présentée, il a pensé que l'arrêt du 15 février 1820 contenoit effectivement une autorisation suffisante pour procéder à l'égard de tout individu inculpé de complicité dans le crime de Louvel ; tel a été l'unique motif qui l'a déterminé à répondre seul le réquisitoire présenté par le procureur-général. Le vœu manifesté par quelques Pairs lui fait regretter de n'avoir pas soumis ce réquisitoire à la Cour. Il s'empresseroit de le faire à l'avenir, si le cas se représentoit, et si des circonstances impérieuses ne le forçoient d'en user autrement.

Un Pair, en rendant hommage à l'excessive délicatesse qui a dicté la déclaration de M. le Président, croit devoir le féliciter au contraire et le remercier au nom de la Cour de ce qu'il a pris sur lui, ainsi que l'arrêt du 15 février lui en donnoit le droit, d'ordonner l'instruction sans délibération nouvelle. Ce mode de procéder en effet a eu pour résultat d'épargner à la Cour et à la France entière l'effroi que lui auroit nécessairement causé le titre seul de l'inculpation élevée contre Desjardins, si elle eût été connue avant d'être éclaircie. Il réclame la mise aux voix du réquisitoire.

Un Pair observe que dans ce réquisitoire le procureur-général a considéré comme toujours subsistante la compétence de MM. les commissaires nommés en 1820 par M. le Chancelier pour l'assister dans l'instruction. L'opinion de M. le Chancelier paroît avoir été différente, puisqu'il a cru devoir les commettre de nou-veau. Le noble Pair demande qu'il soit fait men-tion au procès-verbal des explications données à ce sujet par M. le Chancelier à l'ouverture de la séance.

M. le Président annonce qu'il n'y voit aucun inconvénient. Il ajoute qu'il va mettre successi-vement aux voix les deux chefs de conclusion du procureur-général.

Un Pair demande, préalablement à toute dé-libération, la lecture des pièces. Il observe que l'article 321 du Code d'instruction criminelle, impose aux juges l'obligation d'en prendre con-noissance avant de statuer. L'opinant sans doute a toute confiance dans l'exactitude du rapport qui vient d'être fait à la Cour, mais la loi pre-scrivant impérieusement la lecture des pièces, il ne peut s'empêcher de la réclamer.

M. le Président observe que cette lecture ne peut être refusée dès qu'un seul Pair la réclame, mais l'heure étant trop avancée pour que la lec-ture dont il s'agit, et la délibération qui doit la suivre, puissent être terminées dans le cours de la séance, il propose à la Cour de s'ajourner à lundi prochain.

Aucune réclamation ne s'élevant à cet égard, la séance est prorogée à lundi prochain, 16 du courant, à midi.

*Signé* DAMBRAY, président.

CAUCHY, greffier.